LES POMPIERS
à travers les âges

Scénario : Cazenove

Dessin : Stédo

Couleurs : BenBk

BAMBOO ÉDITION

*Merci à "Jacky" Biot du Musée des Pompiers d'Athus pour sa précieuse documentation,
ainsi qu'à Jacques Périer pour sa participation en fin d'album.*

Stédo

www.bamboo.fr

La fabrication de cet album répond au processus de développement durable engagé par Bamboo édition. Il a été imprimé sur du papier certifié PEFC.

116, rue des Jonchères - BP 3
71012 CHARNAY-LÈS-MÂCON cedex
Tél. 03 85 34 99 09 - Fax 03 85 34 47 55
Site Web : www.bamboo.fr
E-mail : bamboo@bamboo.fr

PREMIÈRE ÉDITION
Dépôt légal : juin 2014
ISBN : 978-2-8189-3102-8

Printed in France
Imprimé et relié en France par PPO Graphic, 91120 Palaiseau

L'âge du pfeuh

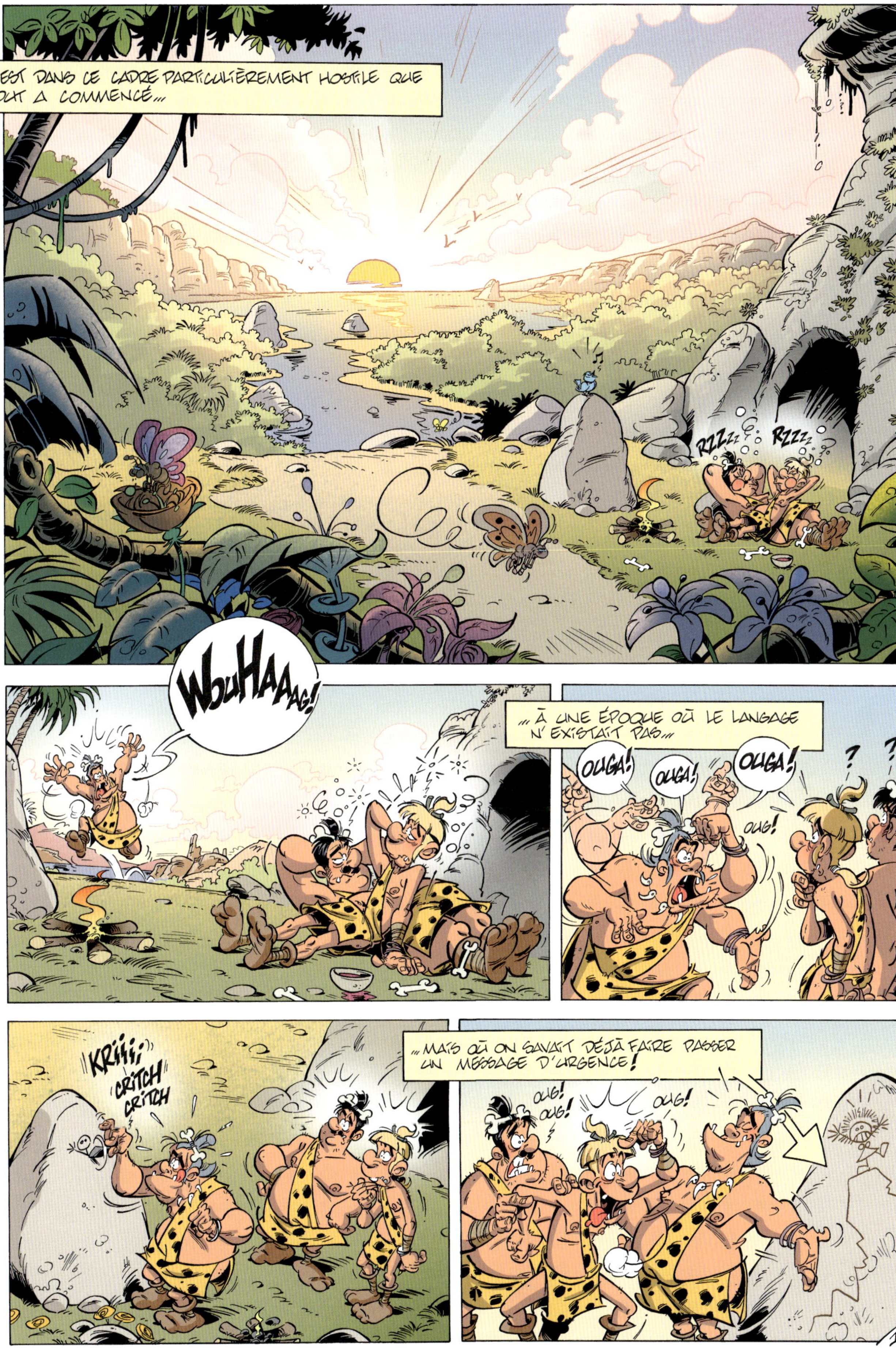

CE JOUR-LÀ, L'AIR DE RIEN...
OG GOUR!
...A ÉTÉ CRÉÉE L'INTERVENTION!
CEPENDANT, TOUT RESTAIT À INVENTER...
CHTOK
TOK
?
NOTAMMENT EN CE QUI CONCERNE LE MATÉRIEL!
OUGMF!
VRAAK
HEUREUSEMENT, L'ESPRIT D'INITIATIVE ET DE DÉBROUILLE...
...ONT RAPIDEMENT DONNÉ NAISSANCE À LA GRANDE ÉCHELLE!
BRONK

OUG!
POC
POC
POC
ENSUITE EST ARRIVÉ LE BRANCARD!
NÉANMOINS, LE CORPS HUMAIN RESTAIT UNE ÉNIGME...
BOOUH!
ET LES TECHNIQUES DE RÉANIMATION N'EN ÉTAIENT ENCORE QU'À LEURS BALBUTIEMENTS!
?
PLOUCH
PLOUCH
PLOUF
PLOC

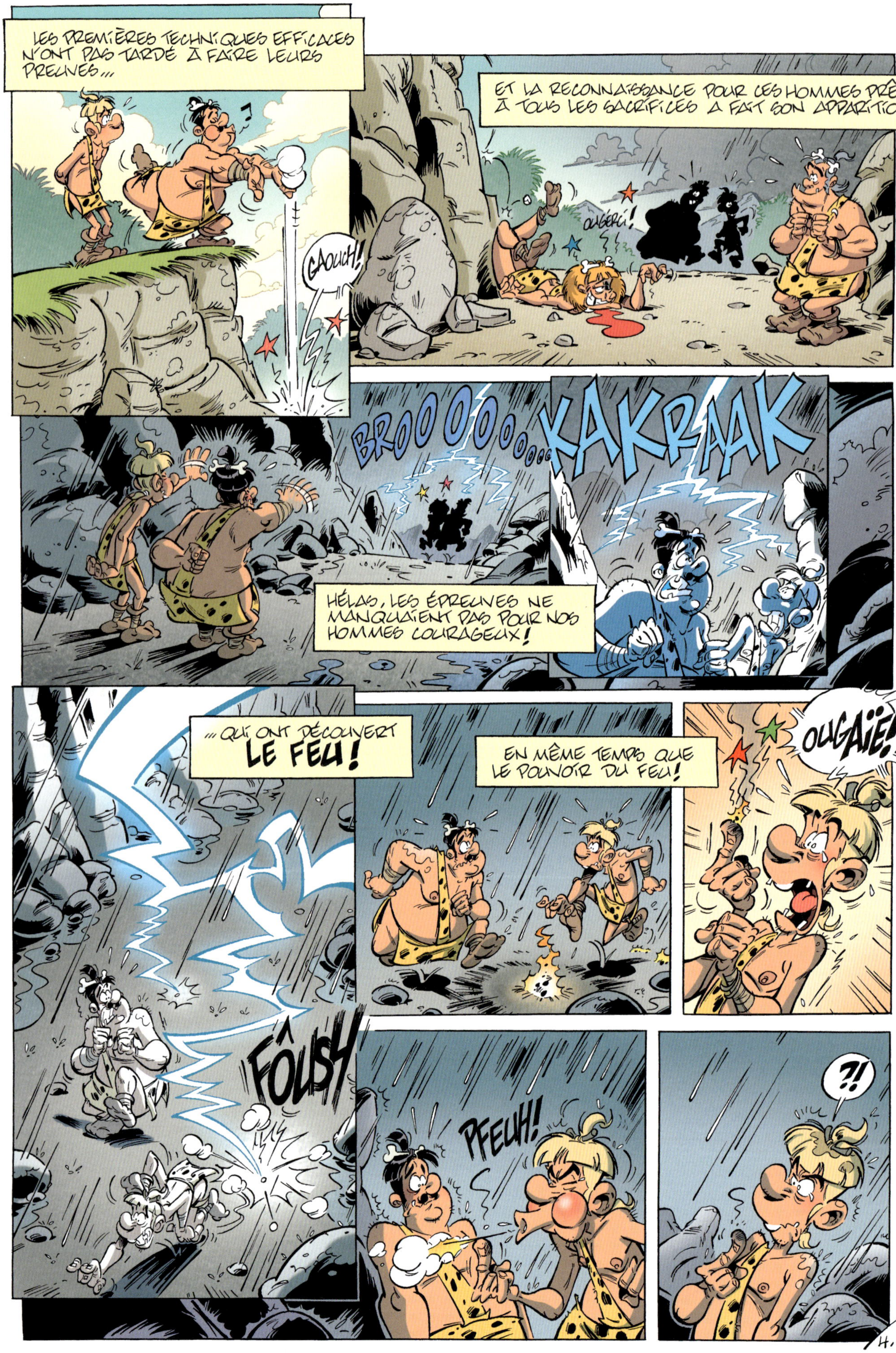

LES PREMIÈRES TECHNIQUES EFFICACES N'ONT PAS TARDÉ À FAIRE LEURS PREUVES...
GAOUCH!
ET LA RECONNAISSANCE POUR LES HOMMES PRÊTS À TOUS LES SACRIFICES A FAIT SON APPARITION!
OUGÈRG!
BROOOOOOO...
KAKRAAK
HÉLAS, LES ÉPREUVES NE MANQUAIENT PAS POUR NOS HOMMES COURAGEUX!
...QUI ONT DÉCOUVERT LE FEU!
FÔUSH
EN MÊME TEMPS QUE LE POUVOIR DU FEU!
OUGAÏE!
PFEUH!
?!

LÀ AUSSI, LA TECHNIQUE EST NÉE DE L'EXPÉRIENCE !
GOH! GOH! GOH!
PFEUH
PFEUH
PFEUH
PFEUH
PFEUH
¡¡¡IG!
HEUREUSEMENT QUE LES ERREURS AUSSI PERMETTENT DE PROGRESSER...
PLOUF
PLOUF
PLOUF
CAR, EN COMPRENANT LA FORCE DE L'EAU SUR LE FEU, NOS HOMMES ALLAIENT POUVOIR SAUVER DES VIES !
?!
?
PLIC
PLIC
MAIS ÇA, CE SERA POUR UN PEU PLUS TARD !
BLUB
BLUB
BLUB
5.

NOS HÉROS EN HERBE SEMBLENT ENFIN PRÊTS À AFFRONTER TOUTES LES SITUATIONS...
INTERVENTION EN MILIEU MARIN...
GLIIK
OU AVEC RISQUE CHIMIQUE...
ACCIDENT DE LA CIRCULATION...
DÉBLAYAGE DES ROCHES...
GAAAH!
PSHI
PSHI
ET TOUT LE RESTE !
OUGA!
OUG!
OUG!

PUIS, UN JOUR, SURVINT UN ÉVÉNEMENT...
MEEUGH!
MEUH!!!
...PARTICULIÈREMENT MARQUANT!
MEUGRR
MUF!
PAF
PAF
MUF!
MUF?!
KRAK
...QUI NOUS PERMET DE COMPRENDRE POURQUOI...
...LES HOMMES ONT MIS QUELQUES SIÈCLES À CRÉER LE CORPS DES POMPIERS!
MUFF
BEN OUI, RISQUER SA VIE POUR SAUVER CELLE DES AUTRES, C'EST PAS DONNÉ À TOUT LE MONDE!!!
FIN

Les sorcières ont bien bûché

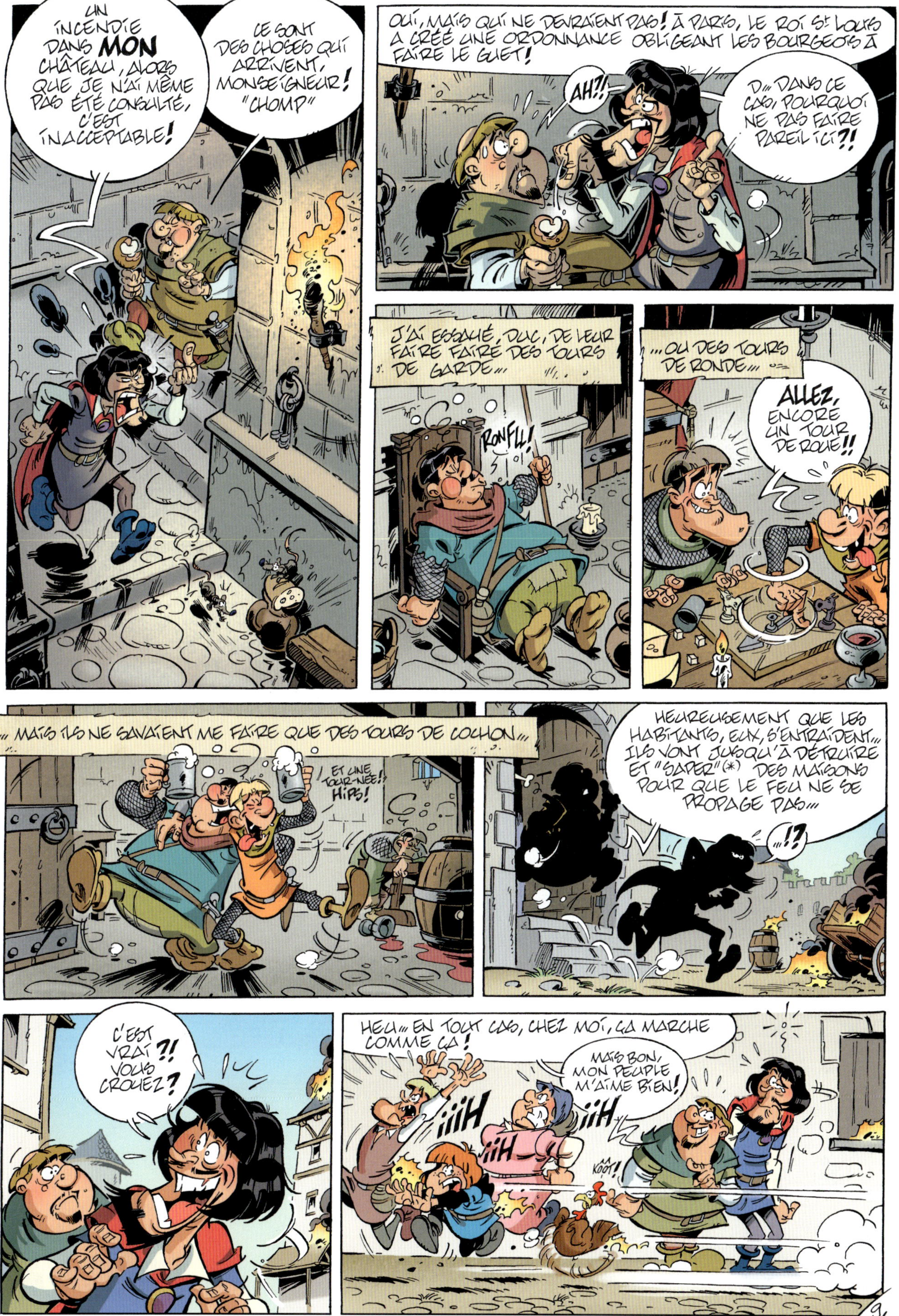

(*) ORIGINE DU MOT "SAPEUR".

C'EST UNE CATASTROPHE !
IL FAUDRAIT QUE VOUS AYEZ DES GENS POUR S'OCCUPER DE CES CHOSES-LÀ !...
DES PROFESSIONNELS ? QU'IL FAUDRAIT PAYER ?!
CERTAINEMENT PAS... JE PENSAIS PLUS À DES VOLONTAIRES... ON NE VA PAS PAYER DES GENS POUR QU'ILS SAUVENT LA VIE D'AUTRES GENS !
C'EST RIDICULE !
JE PENSAIS À DES GENS COMME EUX, DÉVOUÉS, COURAGEUX, QUI LUTTENT !
AH NON, NOUS, ON LUTTE JUSTE SI LE FEU S'APPROCHE TROP PRÈS DE NOTRE MAISON ! LES AUTRES, Y Z'ONT QU'À SE DÉBROUILLER...
HÉHÉ !
REGARDEZ, SIRE ! TOUT N'EST PAS PERDU... DES VILLAGEOIS ONT CONSTITUÉ UNE CHAÎNE HUMAINE...
MAIS ILS NE SE DIRIGENT PAS VERS LES FLAMMES, SI ?!
TU PEUX ME DIRE CE QUE TU ES EN TRAIN DE FAIRE ?
MH ?!
FLOUTCH
BEH, FAUT BIEN REMPLIR LA RIVIÈRE, NON ?!
SINON, Y AURA PAS ASSEZ D'EAU POUR ÉTEINDRE LE FEU !
10.

MES SOLDATS ONT DÉSERTÉ, LES VILLAGEOIS SONT TOUS CRÉTINS OU LÂCHES... D'ICI 1 HEURE, MON CHÂTEAU SERA PARTI EN FUMÉE...
JE CONNAIS UN DOMAINE À LOUER PAS TROP CHER... MAIS IL N'Y A QUE 8 PIÈCES D'EAU, ET LA SALLE DE TORTURE EST À REFAIRE...!
STOOP!
ARRÊTEZ-LES!!!
ARRÊTEZ-LES!!
SNIF! MÊME LES PRISONNIERS DÉTALENT!
PUF!
PUF!
PUF!
CE SONT DES CONDAMNÉES POUR SORCELLERIE QUE JE DEVAIS EXÉCUTER CE MATIN... JE LES AI DÉTACHÉES POUR MONTER SUR L'ÉCHAFAUD, ET ELLES EN ONT PROFITÉ POUR S'ÉCHAPPER!
...
C'EST PAS TRÈS POLI!
PUF!
PUF!
ELLES COURENT VERS LES FLAMMES, NON!?
JE CONFIRME, SEIGNEUR!
BEN, NORMAL, C'EST DES SORCIÈRES!
11.

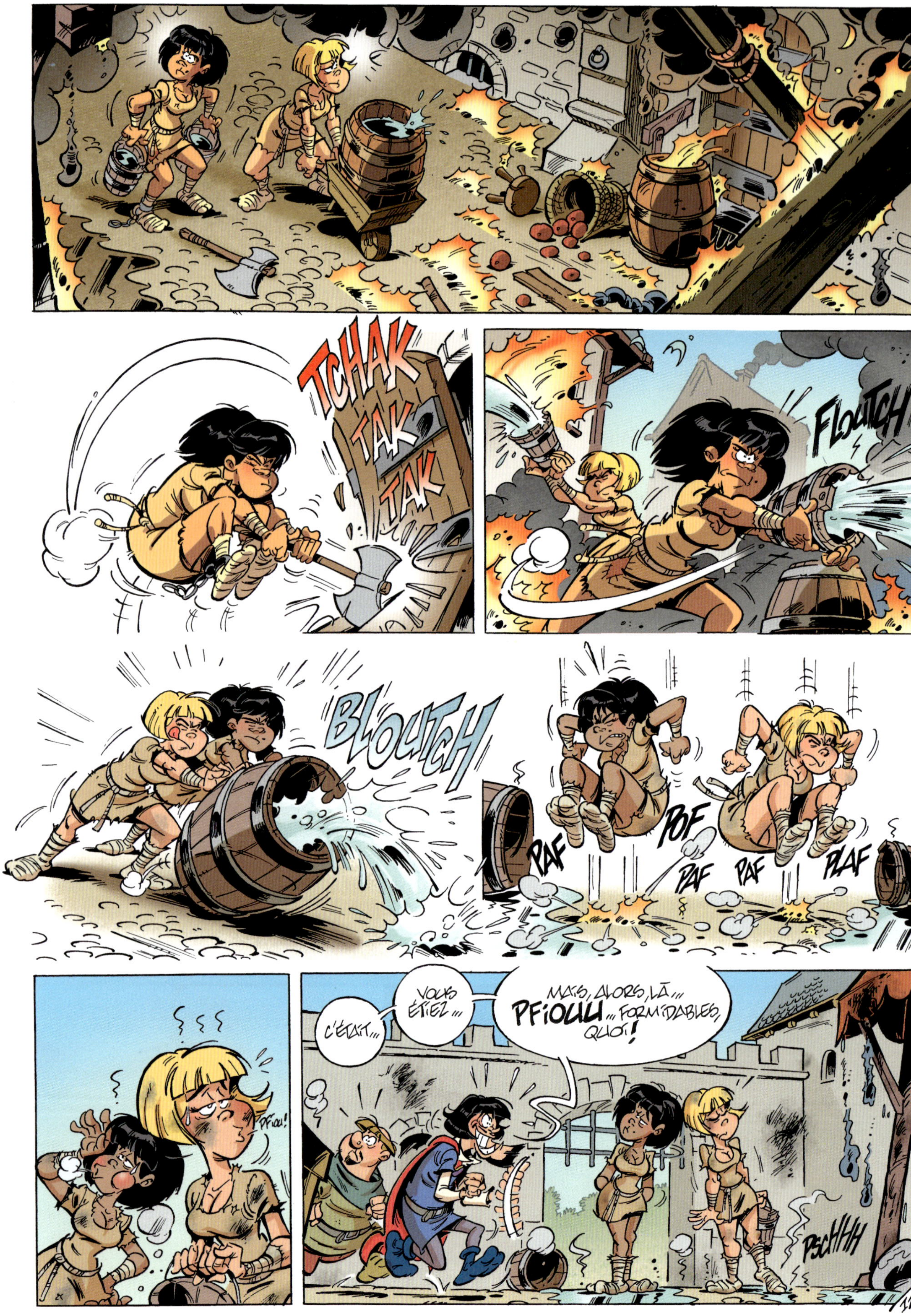
TCHAK
TAK
TAK
FLOUTCH
BLOUTCH
PAF
POF
PAF
PAF
PLAF
PFIOU!
C'ÉTAIT...
VOUS ÉTIEZ...
MAIS, ALORS, LÀ... PFIOUU... FORMIDABLES, QUOI!
PSCHHH

COMMENT FAITES-VOUS POUR AFFRONTER LES FLAMMES AVEC CE COURAGE ?
PAS LE CHOIX, QUAND ON EST RÉGULIÈREMENT CONDAMNÉE AU BÛCHER POUR SORCELLERIE...
ÇA MOTIVE !
D'AILLEURS, VOUS DEVRIEZ FAIRE ATTENTION DE NE PAS LAISSER VOTRE BOIS DE CHAUFFAGE SANS SURVEILLANCE...
QUOIQUE, LÀ, LE PROBLÈME EST RÉGLÉ !
LES TENTURES EN TISSU... TRÈS INFLAMMABLE, ÇA AUSSI !
SURTOUT AVEC UNE TORCHE FIXÉE À CÔTÉ !
VOUS SAVEZ QUOI ? J'ANNULE VOTRE EXÉCUTION, ET JE VOUS EMBAUCHE POUR ASSURER LA SURVEILLANCE INCENDIE DU CHÂTEAU !
PAS COMME PROFESSIONNELLES, HEIN, N'OUBLIEZ PAS !
AH NON ! VOUS N'ALLEZ PAS ME PRIVER DE MON EXÉCUTION, QUAND MÊME !? J'AI BESOIN D'EXERCICE, MOI !
AH, OUI ? VRAIMENT ?
JE NE VOUS AI PAS VU TANT QUE ÇA COMBATTRE LES FLAMMES, MOI, POUR QUELQU'UN QUI AIME L'EXERCICE...
NON, MAIS, C'EST JUSTE QUE...
D'AILLEURS, NOUS SOMMES MERCREDI, ET IL FAUT RESPECTER LA TRADITION !
VOUS SAVEZ COMMENT ON S'Y PREND ?
NON ! NOUS, ON SAIT JUSTE COMMENT ÉTEINDRE LES FEUX... PAS LES ALLUMER !
PUIS LÀ, ON VA PATROUILLER !
13.

FIN

Lance à incident

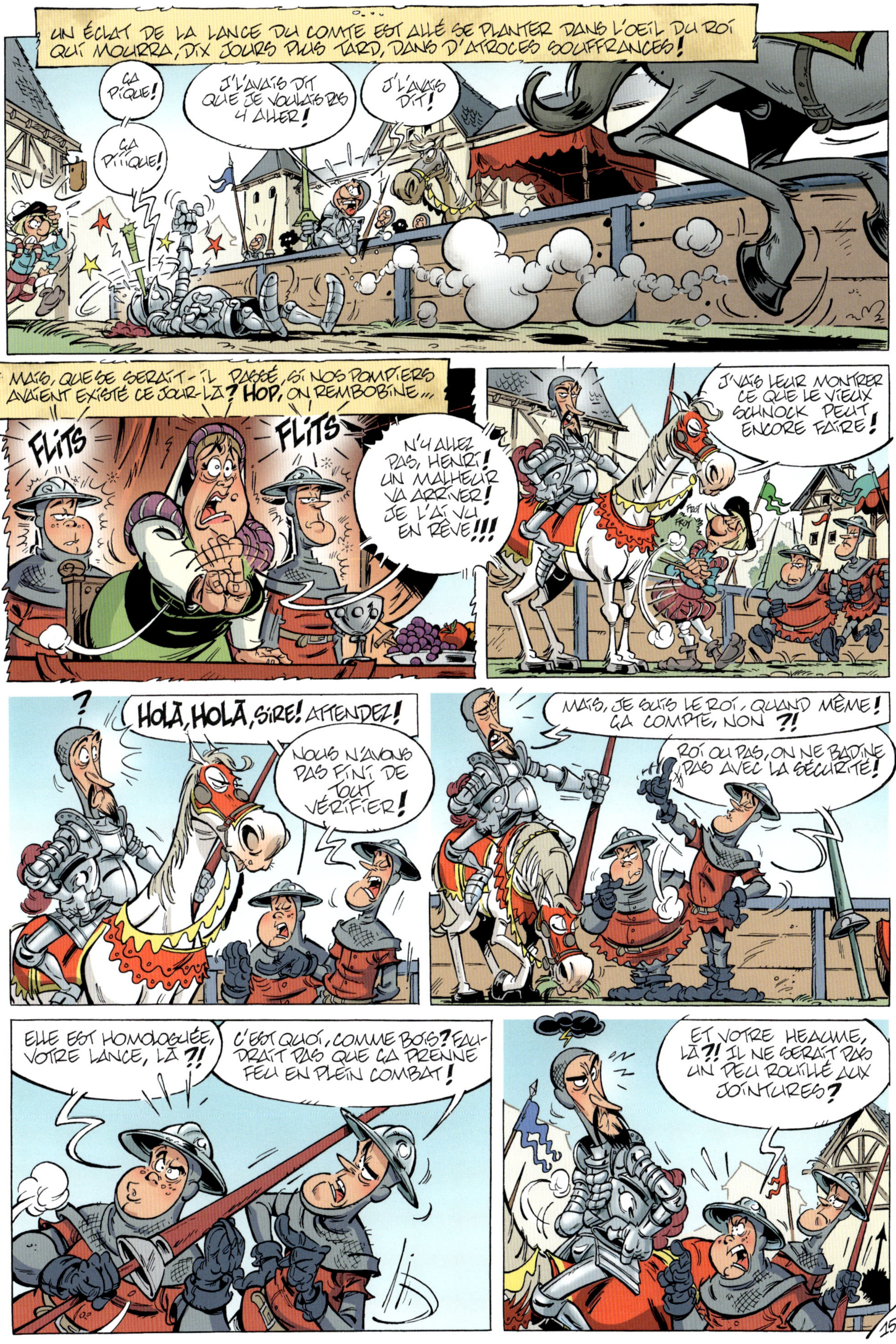
UN ÉCLAT DE LA LANCE DU COMTE EST ALLÉ SE PLANTER DANS L'OEIL DU ROI QUI MOURRA, DIX JOURS PLUS TARD, DANS D'ATROCES SOUFFRANCES!
ÇA PIQUE!
ÇA PIIIQUE!
J'L'AVAIS DIT QUE JE VOULAIS PAS Y ALLER!
J'L'AVAIS DIT!
MAIS, QUE SE SERAIT-IL PASSÉ, SI NOS POMPIERS AVAIENT EXISTÉ CE JOUR-LÀ? HOP, ON REMBOBINE...
FLITS
FLITS
N'Y ALLEZ PAS, HENRI! UN MALHEUR VA ARRIVER! JE L'AI VU EN RÊVE!!!
J'VAIS LEUR MONTRER CE QUE LE VIEUX SCHNOCK PEUT ENCORE FAIRE!
FROT FROT
?
HOLÀ, HOLÀ, SIRE! ATTENDEZ!
NOUS N'AVONS PAS FINI DE TOUT VÉRIFIER!
MAIS, JE SUIS LE ROI, QUAND MÊME! ÇA COMPTE, NON ?!
ROI OU PAS, ON NE BADINE PAS AVEC LA SÉCURITÉ!
ELLE EST HOMOLOGUÉE, VOTRE LANCE, LÀ ?!
C'EST QUOI, COMME BOIS? FAUDRAIT PAS QUE ÇA PRENNE FEU EN PLEIN COMBAT!
ET VOTRE HEAUME, LÀ?! IL NE SERAIT PAS UN PEU ROUILLÉ AUX JOINTURES?
15.

BON, VOUS AVEZ TERMINÉ ?!
NON, PAS ENCORE !
TOC TOC TOC
BIENTÔT, BIENTÔT... HMM, PAS DE VENT ! C'EST PARFAIT !
NOUS DEVONS AUSSI CONTRÔLER LE TERRAIN !
LE MOINDRE TROU, UN CAILLOU MAL PLACÉ, ET CRAC, C'EST LE DRAME !
LES BARRIÈRES ONT L'AIR SOLIDES...
L'ÉCARTEMENT EST RÉGLEMENTAIRE !
LA MONTURE, À PRÉSENT !
ON S'OCCUPERA DU CHEVAL APRÈS ?!
HMM !
PAS DE SIGNE DE RAGE, NI DE MALADIE CONTAGIEUSE !
BLUB BLUB BLUB
LES SELLES SONT BIEN ATTACHÉES !
L'ÉCUYER A UNE BELLE DENTITION !
LES SABOTS SONT GONFLÉS À BLOC !
GAAH
AH, ÇA ! SI NOS POMPIERS AVAIENT ÉTÉ PRÉSENTS...
VOILÀ, SIRE, TOUT EST CONFORME !
NON ! VOUS AVEZ OUBLIÉ UN TRUC !
QUOI DONC ?!
...CE TOURNOI AURAIT ÉTÉ SÉCURISÉ COMME AUCUN AUTRE TOURNOI DE L'ÉPOQUE !
DÉGAGEZ LA PIIISTE !

EMPÊCHEZ-LE ! MAIS, EMPÊCHEZ-LE DE FAIRE ÇA !!! PUISQUE J'AI FAIT UN RÊVE, JE VOUS DIS !
?
?
BEN, C'EST LE ROI, QUAND MÊME ! ...
MON DIEU ! JE NE VEUX PAS VOIR ÇA !
PUIS, S'IL ARRIVE QUELQUE CHOSE, ON EST LÀ, NOUS !
YiiHAAAAAH !!!
AÏE, AÏE, AÏE !
CLOPCAT
YAHAA ! YAHAAH !
BLANG
iiiH !
BOLOM !
MINCE, ALORS !
J'L'AVAIS PAS VUE VENIR, CELLE-LÀ !
J'L'AVAIS DIT, QUE JE VOULAIS PAS Y ALLER !
J'L'AVAIS DIT !

BON, D'ACCORD, LA PRÉSENCE DE NOS POMPIERS N'AURAIT PAS PU EMPÊCHER L'ACCIDENT...
C... C'ÉTAIT PAS ÉVIDENT DE PRÉVOIR QUE LA LANCE DU COMTE ALLAIT CASSER ET QUE LA VISIÈRE DU ROI NE LE PROTÉGERAIT PAS !
GRMBL !
ON N'EST PAS DEVINS, NON PLUS !
...MAIS ILS AURAIENT QUAND MÊME PU ACCOMPLIR LES PREMIERS GESTES QUI SAUVENT !
APPORTEZ DES SERVIETTES PROPRES !
DE L'ALCOOL !
ET UNE BARRIÈRE DE SÉCURITÉ, AUSSI !
DE L'EAU CHAUDE !
...ILS AURAIENT PU STOPPER L'HÉMORRAGIE !
ENCORE DES SERVIETTES !
IL NE NOUS RESTE QUE DES ROUGES ! ÇA IRA ?!
VENTILER LE ROI...
SOUFFLEZ, LES GARS !
SOUFFLEZ !
PFOU !
PFOU !
LE RASSURER...
J...
...J'AI MAL !
TUTUTUT !
C'EST DANS LA TÊTE, TOUT ÇA !
LUI DONNER LES PREMIERS SOINS !
L'AVANTAGE, C'EST QUE, DU COUP, IL N'A PAS REMARQUÉ QU'IL A LE POIGNET CASSÉ !
DANS LA TÊTE ?! MON OEIL, OUI !
NETTOYER LA PLAIE...
AÏE ! AÏE !
OUILLE !
MAIS ENFIN !? IL AVAIT FIXÉ UN HÉRISSON AU BOUT DE SA LANCE, LE COMTE, OU QUOI ?!
AVANT DE LE CHARGER SUR UN BRANCARD...
ON NE LE MET PAS SUR LE VENTRE ?!
18.

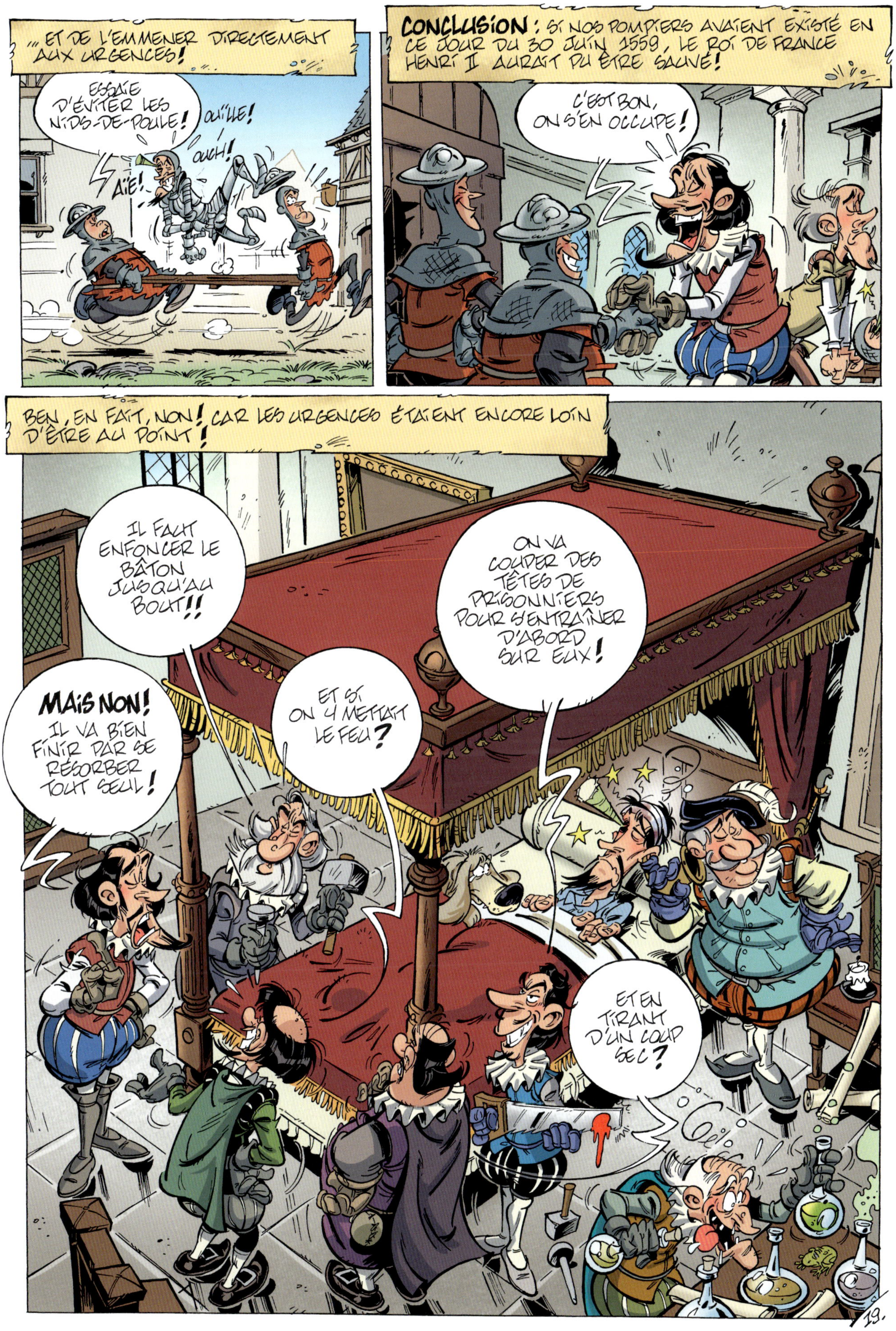
... ET DE L'EMMENER DIRECTEMENT AUX URGENCES !
ESSAIE D'ÉVITER LES NIDS-DE-POULE !
OUILLE !
OUCH !
AÏE !
CONCLUSION : SI NOS POMPIERS AVAIENT EXISTÉ EN CE JOUR DU 30 JUIN 1559, LE ROI DE FRANCE HENRI II AURAIT PU ÊTRE SAUVÉ !
C'EST BON, ON S'EN OCCUPE !
BEN, EN FAIT, NON ! CAR LES URGENCES ÉTAIENT ENCORE LOIN D'ÊTRE AU POINT !
IL FAUT ENFONCER LE BÂTON JUSQU'AU BOUT !!
MAIS NON ! IL VA BIEN FINIR PAR SE RÉSORBER TOUT SEUL !
ET SI ON Y METTAIT LE FEU ?
ON VA COUPER DES TÊTES DE PRISONNIERS POUR S'ENTRAÎNER D'ABORD SUR EUX !
ET EN TIRANT D'UN COUP SEC ?
19.
FIN

De mal empire

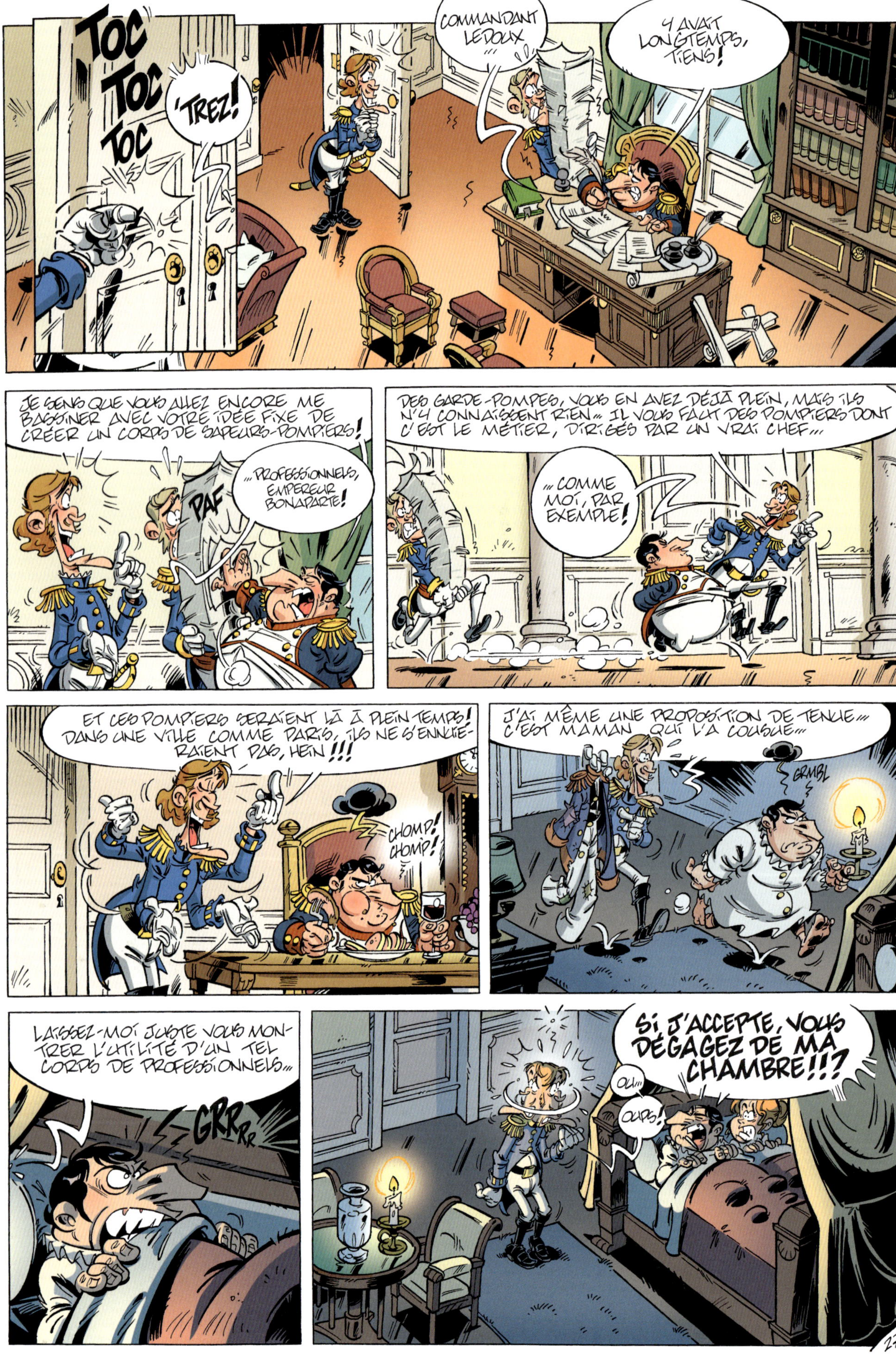

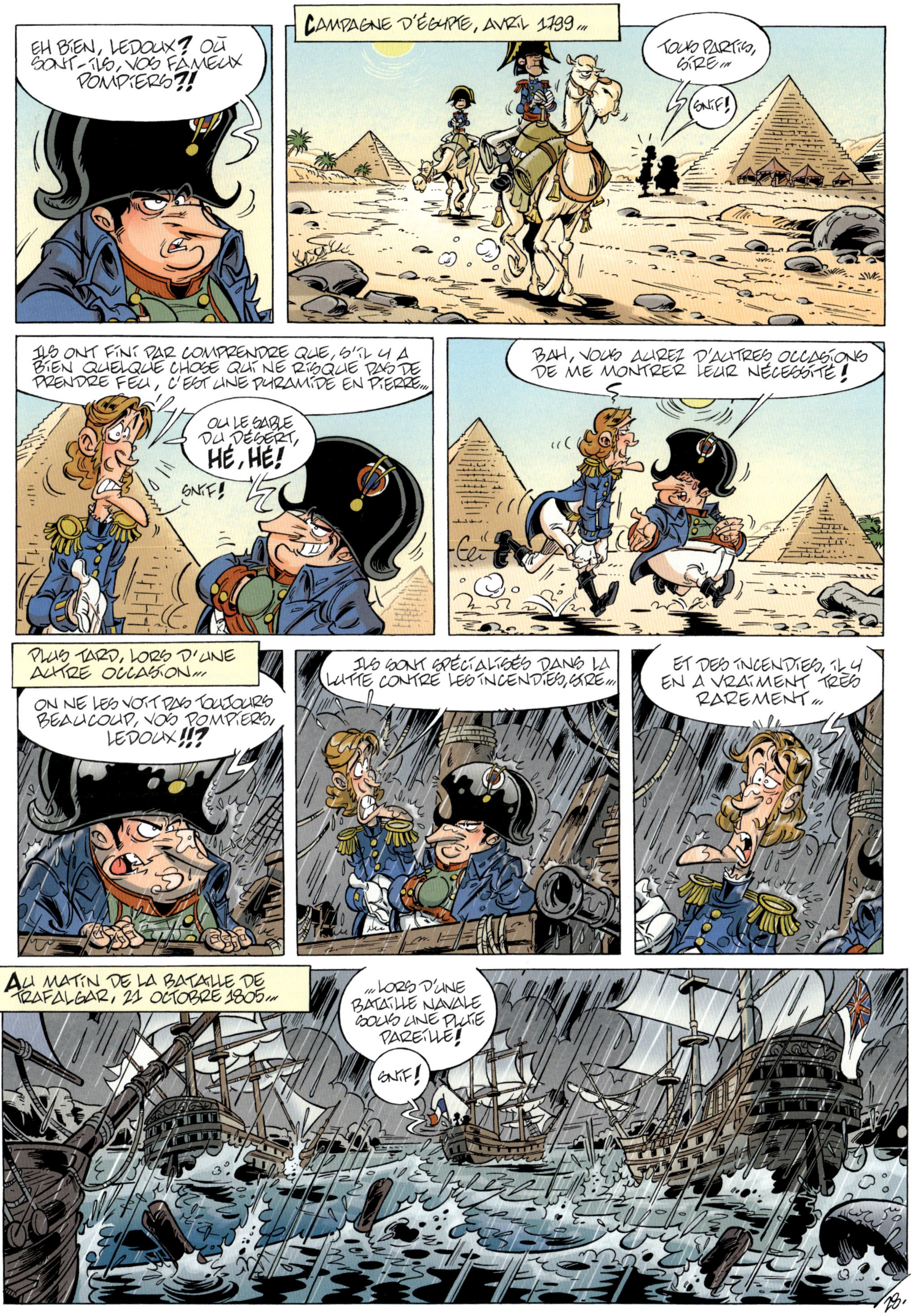
Campagne d'Égypte, avril 1799...
Eh bien, Ledoux ? Où sont-ils, vos fameux pompiers ?!
Tous partis, sire...
Snif !
Ils ont fini par comprendre que, s'il y a bien quelque chose qui ne risque pas de prendre feu, c'est une pyramide en pierre...
Ou le sable du désert, hé, hé !
Snif !
Bah, vous aurez d'autres occasions de me montrer leur nécessité !
Plus tard, lors d'une autre occasion...
On ne les voit pas toujours beaucoup, vos pompiers, Ledoux !!?
Ils sont spécialisés dans la lutte contre les incendies, sire...
Et des incendies, il y en a vraiment très rarement...
Au matin de la bataille de Trafalgar, 21 octobre 1805...
...lors d'une bataille navale sous une pluie pareille !
Snif !

MAIS LEDOUX N'EST PAS DU GENRE À RENONCER AUSSI FACILEMENT...
VOUS NE POUVEZ PAS ENTRER ! L'EMPEREUR EST EN TRAIN DE MODIFIER LA SOCIÉTÉ, LÀ !...
UNE INSPIRATION, COMME ÇA !
MODIFIER QUOI ?!
APRÈS AVOIR CRÉÉ LES LYCÉES...
LYCÉE BOULARD
...IL A DÉCIDÉ DE FAIRE VOTER LE CODE CIVIL...
ENTREZ !
APRÈS VOUS !
JE N'EN FERAI RIEN !
JE VOUS EN PRIE !
JE SUIS PLUS CIVIL QUE VOUS !
ÇA M'ÉTONNERAIT !
...AINSI QUE LE CODE PÉNAL !
ENTREZ, JE VOUS DIS !!
PAF
OUILLE !
AH... ET VOUS SAVEZ S'IL VA AUSSI CRÉER LE CORPS DES POMPIERS PROFESSIONNELS ? JE LUI AI RAMENÉ UN DOSSIER DE PRÉSENTATION, AU CAS OÙ IL N'AURAIT PAS VU LES 75 PRÉCÉDENTS QUE JE LUI AI DONNÉS EN MAINS PROPRES !?
IL NE M'EN A PAS PARLÉ, NON !
ALORS, IL EST PARTI ?!
OUI, SIRE !
PFIOU !
QUEL CRAMPON, CUI-LÀ !

LE COMMANDANT LEDOUX REÇOIT ALORS UN SOUTIEN PLUS QU'INATTENDU...
J'AI ENTENDU LOULOU PARLER DE VOTRE HISTOIRE DE POMPIERS, LÀ... DE QUOI S'AGIT-IL ?!
M... MADAME L'ÉPOUSE DE L'EMPEREUR !?
BAH, APPELEZ-MOI "IMPÉRATRICE", EN TOUTE SIMPLICITÉ ! ALORS, C'EST QUOI, CE PROJET ?
JE SOUHAITE CRÉER UN CORPS DE POMPIERS PROFESSIONNELS SUR PARIS !
UN CORPS ?! FABRIQUER UN CORPS, AVEC UNE TÊTE ET TOUT ÇA ?!
HEU... ENFIN... UNE COMPAGNIE, SI VOUS PRÉFÉREZ...
AH OUI, COMME DES DAMES DE COMPAGNIE... !?
HUM... NON... IL S'AGIRAIT PLUTÔT DE GENS PAYÉS POUR ÉTEINDRE LES INCENDIES... !
POURQUOI NE PAS, PLUTÔT, CESSER DE PAYER LES GENS QUI EN ALLUMENT ?
APRÈS PLUSIEURS COUCHES DE SIMPLIFICATION...
D'AAACCORD ! DES GENTILS MESSIEURS QUI VIENDRONT TUER LES MÉCHANTS FEUX !!!
VOIIILÀ !
EXACTEMENT ÇA !
J'ADORE L'IDÉE ! JE VAIS EN PARLER À MON LOULOU D'EMPEREUR !
M... MERCI, MADA... HEU... JOSÉPHI... IMPÉRATRICE !
HÉLAS POUR LEDOUX, GUÈRE PLUS TARD, EST ANNONCÉ LE DIVORCE ENTRE NAPOLÉON ET Mme DE BEAUHARNAIS...
BON, J'AI COMPRIS...
C'EST PAS LA PEINE D'INSISTER !
PAF

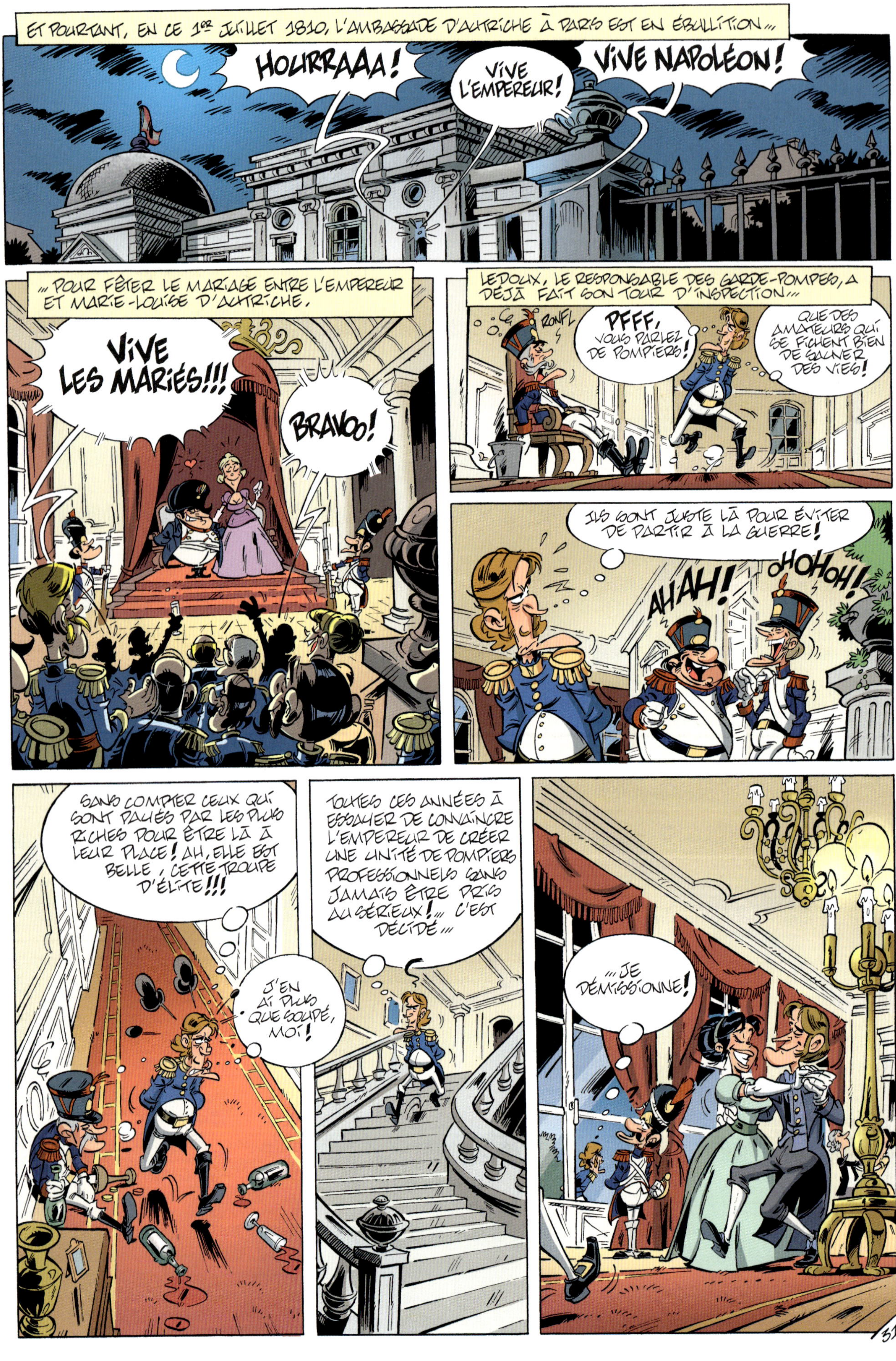
ET POURTANT, EN CE 1ER JUILLET 1810, L'AMBASSADE D'AUTRICHE À PARIS EST EN ÉBULLITION...
HOURRAAA!
VIVE L'EMPEREUR!
VIVE NAPOLÉON!
...POUR FÊTER LE MARIAGE ENTRE L'EMPEREUR ET MARIE-LOUISE D'AUTRICHE.
VIVE LES MARIÉS!!!
BRAVOO!
LEDOUX, LE RESPONSABLE DES GARDE-POMPES, A DÉJÀ FAIT SON TOUR D'INSPECTION...
RONFL
PFFF, VOUS PARLEZ DE POMPIERS!
QUE DES AMATEURS QUI SE FICHENT BIEN DE SAUVER DES VIES!
ILS SONT JUSTE LÀ POUR ÉVITER DE PARTIR À LA GUERRE!
AHAH!
OHOHOH!
SANS COMPTER CEUX QUI SONT PAYÉS PAR LES PLUS RICHES POUR ÊTRE LÀ À LEUR PLACE! AH, ELLE EST BELLE, CETTE TROUPE D'ÉLITE!!!
J'EN AI PLUS QUE SOUPÉ, MOI!
TOUTES CES ANNÉES À ESSAYER DE CONVAINCRE L'EMPEREUR DE CRÉER UNE UNITÉ DE POMPIERS PROFESSIONNELS SANS JAMAIS ÊTRE PRIS AU SÉRIEUX!... C'EST DÉCIDÉ...
...JE DÉMISSIONNE!
31.

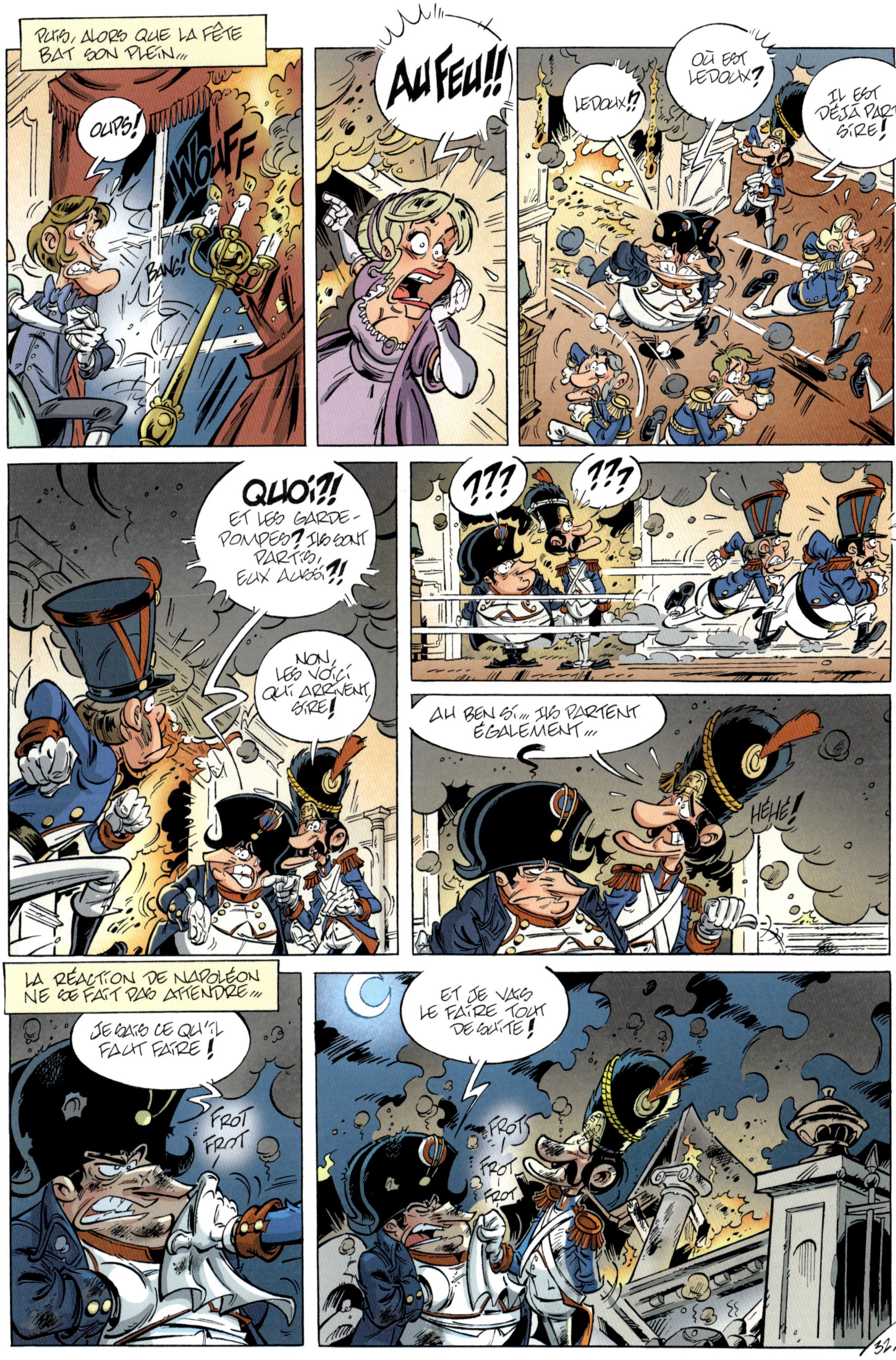
PUIS, ALORS QUE LA FÊTE BAT SON PLEIN...
OUPS!
WOUFF
BANG!
AU FEU!!
LEDOUX!?
OÙ EST LEDOUX?
IL EST DÉJÀ PARTI, SIRE!
QUOI?! ET LES GARDE-POMPES? ILS SONT PARTIS, EUX AUSSI?!
NON, LES VOICI QUI ARRIVENT, SIRE!
???
???
AH BEN SI... ILS PARTENT ÉGALEMENT...
HÉHÉ!
LA RÉACTION DE NAPOLÉON NE SE FAIT PAS ATTENDRE...
JE SAIS CE QU'IL FAUT FAIRE!
FROT FROT
ET JE VAIS LE FAIRE TOUT DE SUITE!
FROT FROT FROT

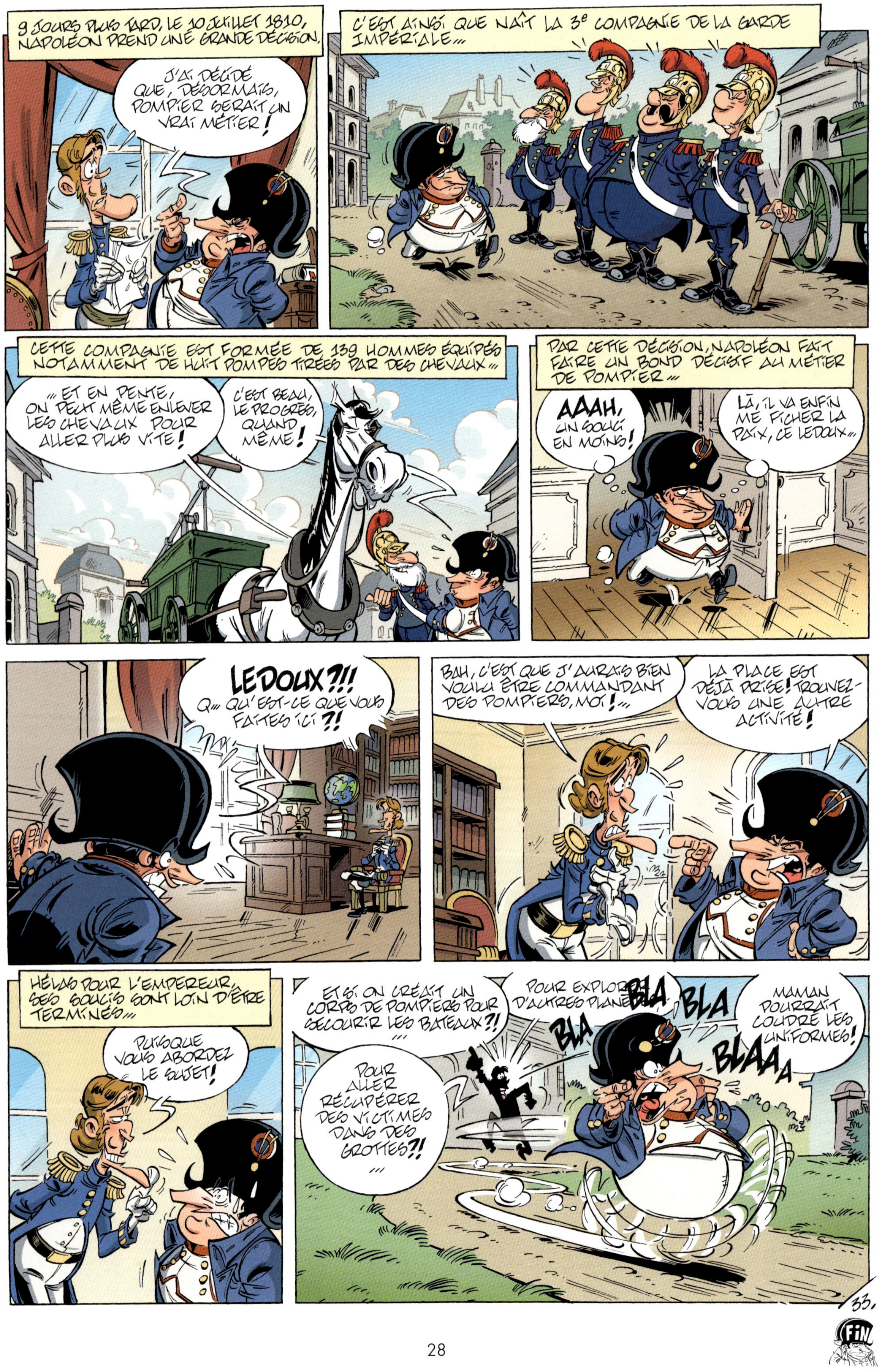
9 JOURS PLUS TARD, LE 10 JUILLET 1810, NAPOLÉON PREND UNE GRANDE DÉCISION.
J'AI DÉCIDÉ QUE, DÉSORMAIS, POMPIER SERAIT UN VRAI MÉTIER!
C'EST AINSI QUE NAÎT LA 3e COMPAGNIE DE LA GARDE IMPÉRIALE...
CETTE COMPAGNIE EST FORMÉE DE 139 HOMMES ÉQUIPÉS NOTAMMENT DE HUIT POMPES TIRÉES PAR DES CHEVAUX...
... ET EN PENTE, ON PEUT MÊME ENLEVER LES CHEVAUX POUR ALLER PLUS VITE!
C'EST BEAU, LE PROGRÈS, QUAND MÊME!
PAR CETTE DÉCISION, NAPOLÉON FAIT FAIRE UN BOND DÉCISIF AU MÉTIER DE POMPIER...
AAAH, UN SOUCI EN MOINS!
LÀ, IL VA ENFIN ME FICHER LA PAIX, CE LEDOUX...
LEDOUX?!! Q... QU'EST-CE QUE VOUS FAITES ICI?!
BAH, C'EST QUE J'AURAIS BIEN VOULU ÊTRE COMMANDANT DES POMPIERS, MOI!...
LA PLACE EST DÉJÀ PRISE! TROUVEZ-VOUS UNE AUTRE ACTIVITÉ!
HÉLAS POUR L'EMPEREUR, SES SOUCIS SONT LOIN D'ÊTRE TERMINÉS...
PUISQUE VOUS ABORDEZ LE SUJET!
ET SI ON CRÉAIT UN CORPS DE POMPIERS POUR SECOURIR LES BATEAUX?!
POUR EXPLOR
D'AUTRES PLANE
POUR ALLER RÉCUPÉRER DES VICTIMES DANS DES GROTTES?!
MAMAN POURRAIT COUDRE LES UNIFORMES!
BLA BLA BLA BLAAAA
33.
FIN

L'alarme fatale

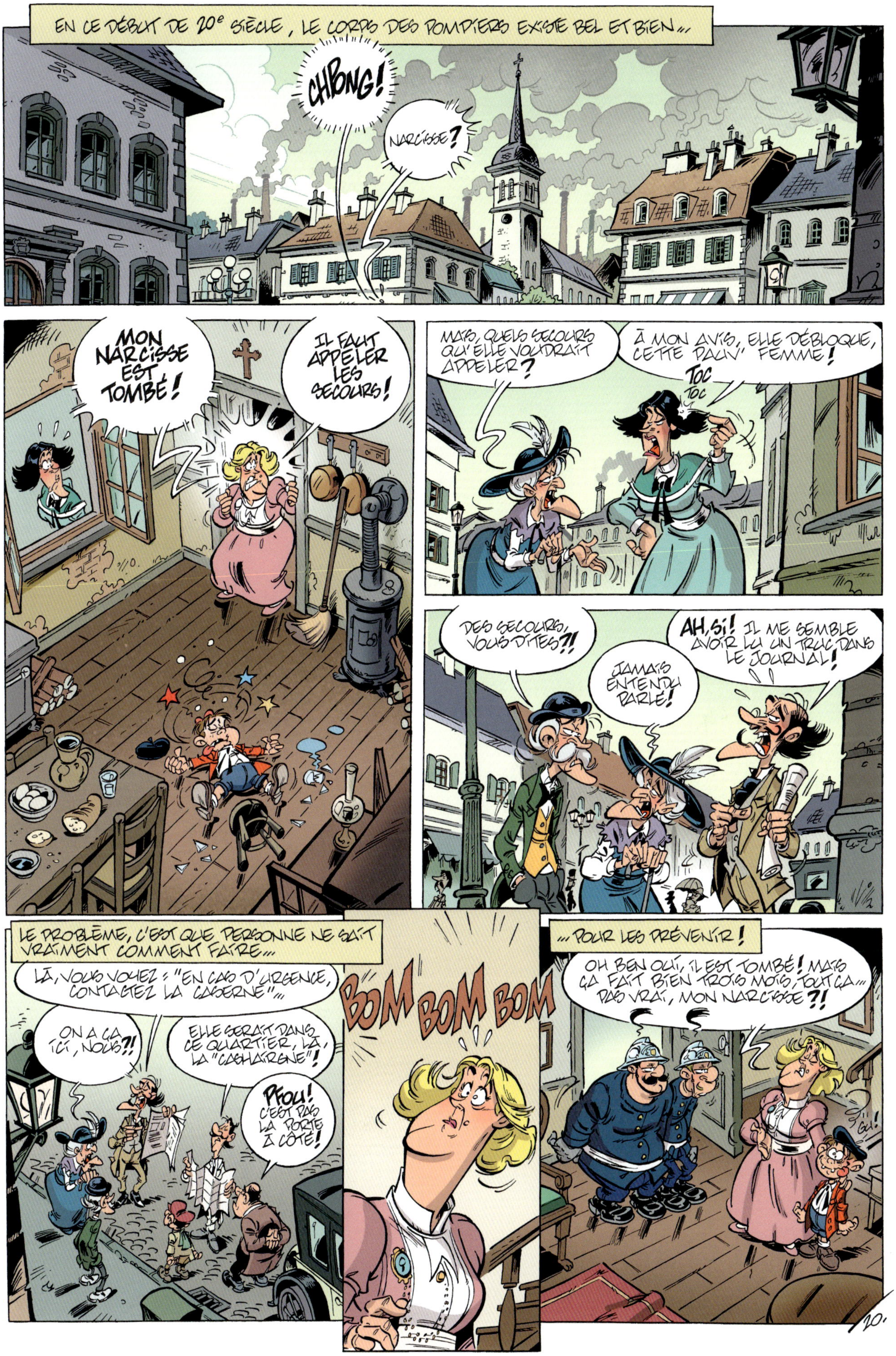

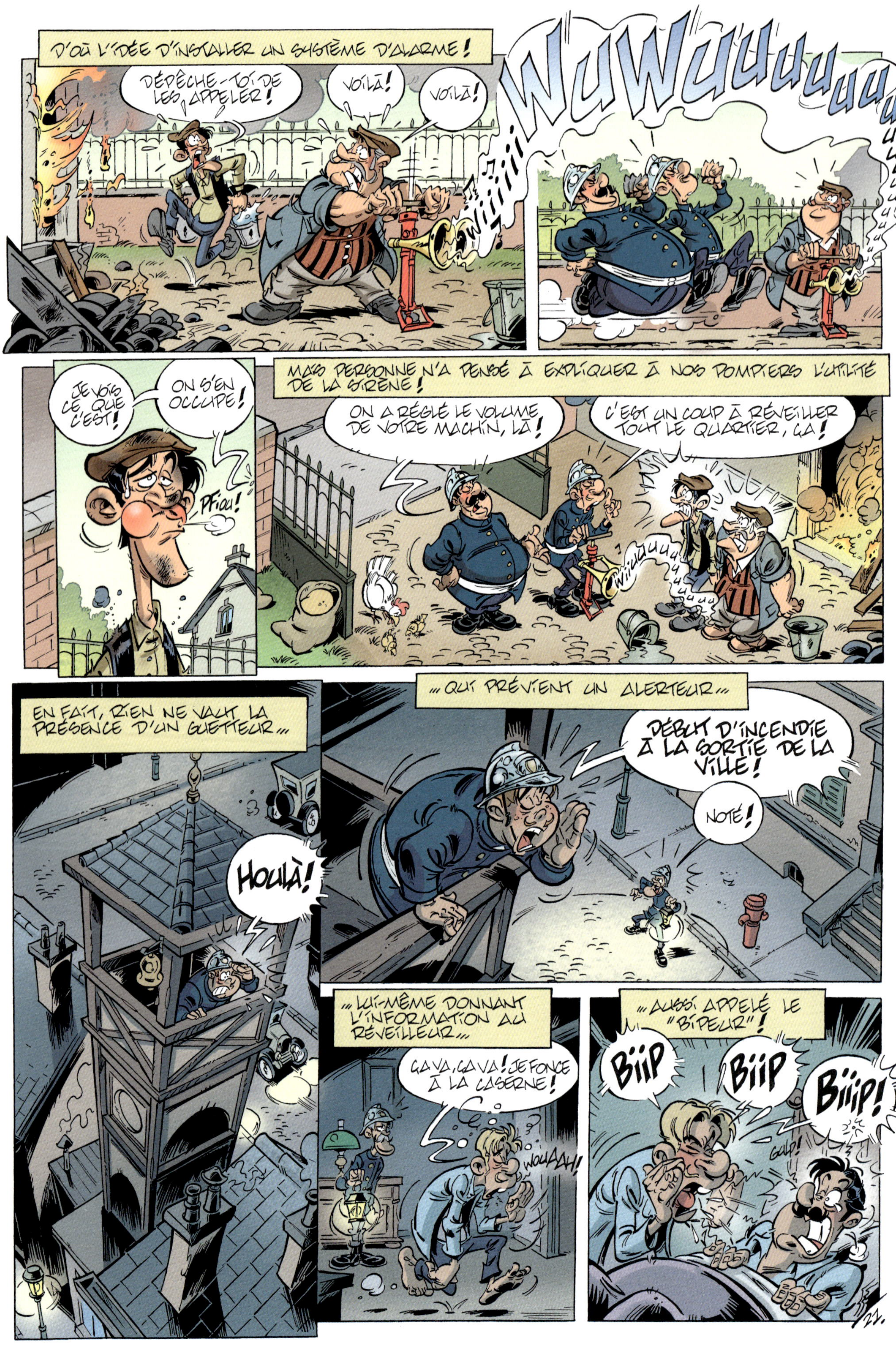
D'OÙ L'IDÉE D'INSTALLER UN SYSTÈME D'ALARME !
DÉPÊCHE-TOI DE LES APPELER !
VOILÀ !
VOILÀ !
WUWUUUUUUUUUUUUUUUUU
WIIIIIII
JE VOIS CE QUE C'EST !
ON S'EN OCCUPE !
PFIOU !
MAIS PERSONNE N'A PENSÉ À EXPLIQUER À NOS POMPIERS L'UTILITÉ DE LA SIRÈNE !
ON A RÉGLÉ LE VOLUME DE VOTRE MACHIN, LÀ !
C'EST UN COUP À RÉVEILLER TOUT LE QUARTIER, ÇA !
WIIIUUUUUU
EN FAIT, RIEN NE VAUT LA PRÉSENCE D'UN GUETTEUR...
HOULÀ !
...QUI PRÉVIENT UN ALERTEUR...
DÉBUT D'INCENDIE À LA SORTIE DE LA VILLE !
NOTÉ !
...LUI-MÊME DONNANT L'INFORMATION AU RÉVEILLEUR...
ÇA VA, ÇA VA ! JE FONCE À LA CASERNE !
WOUAAH !
...AUSSI APPELÉ LE "BIPEUR" !
BIIP
BIIP
BIIIP !
GULP !

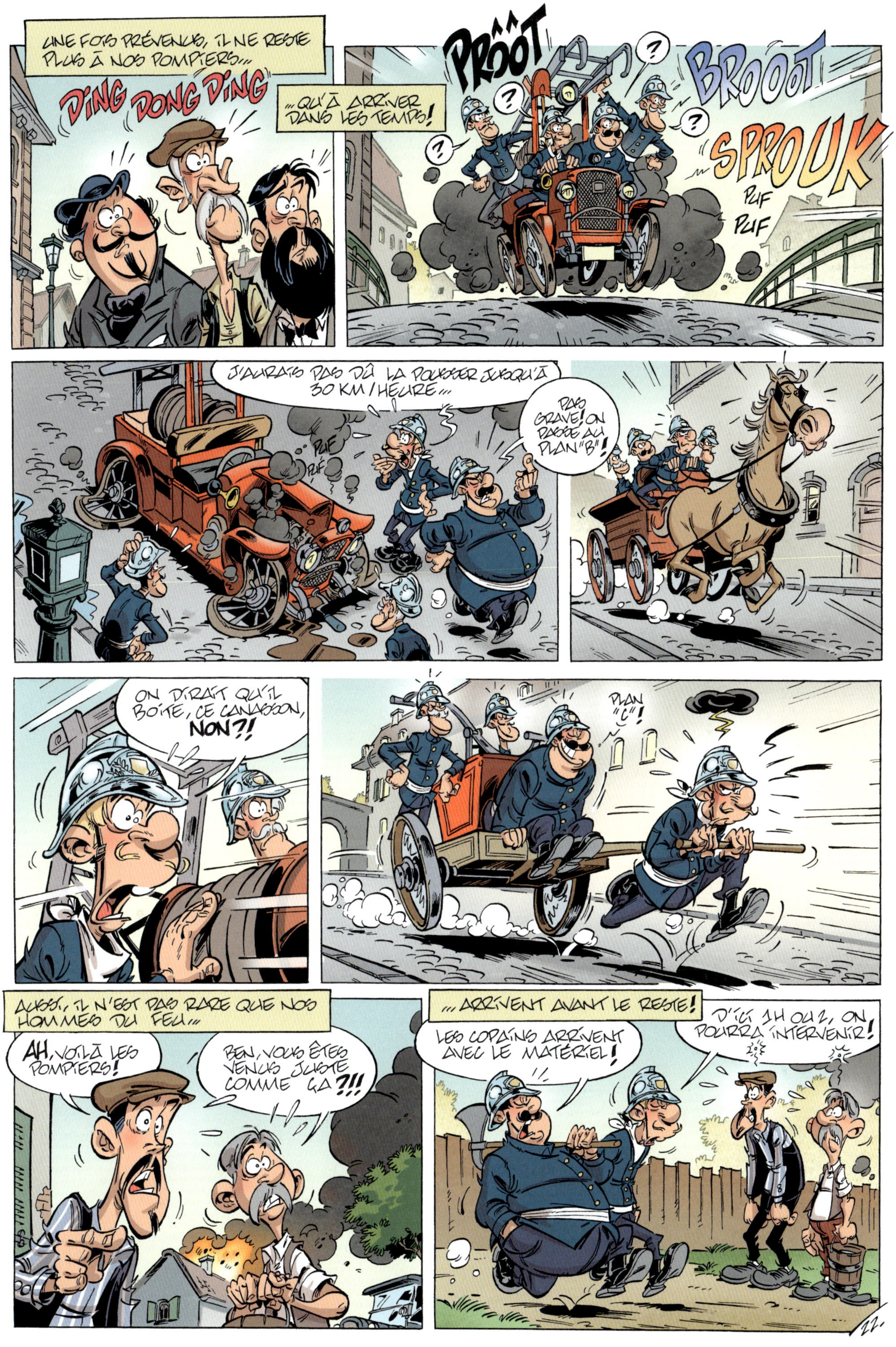

UNE FOIS PRÉVENUS, IL NE RESTE PLUS À NOS POMPIERS...
DING DONG DING
...QU'À ARRIVER DANS LES TEMPS!
PRÔÔT
?
BROOOT
SPROUK
PUF PUF
J'AURAIS PAS DÛ LA POUSSER JUSQU'À 30 KM/HEURE...
PUF
PAS GRAVE! ON PASSE AU PLAN "B"!
ON DIRAIT QU'IL BOITE, CE CANASSON, NON?!
PLAN "C"!
AUSSI, IL N'EST PAS RARE QUE NOS HOMMES DU FEU...
AH, VOILÀ LES POMPIERS!
BEN, VOUS ÊTES VENUS JUSTE COMME ÇA?!!
...ARRIVENT AVANT LE RESTE!
LES COPAINS ARRIVENT AVEC LE MATÉRIEL!
D'ICI 1H OU 2, ON POURRA INTERVENIR!

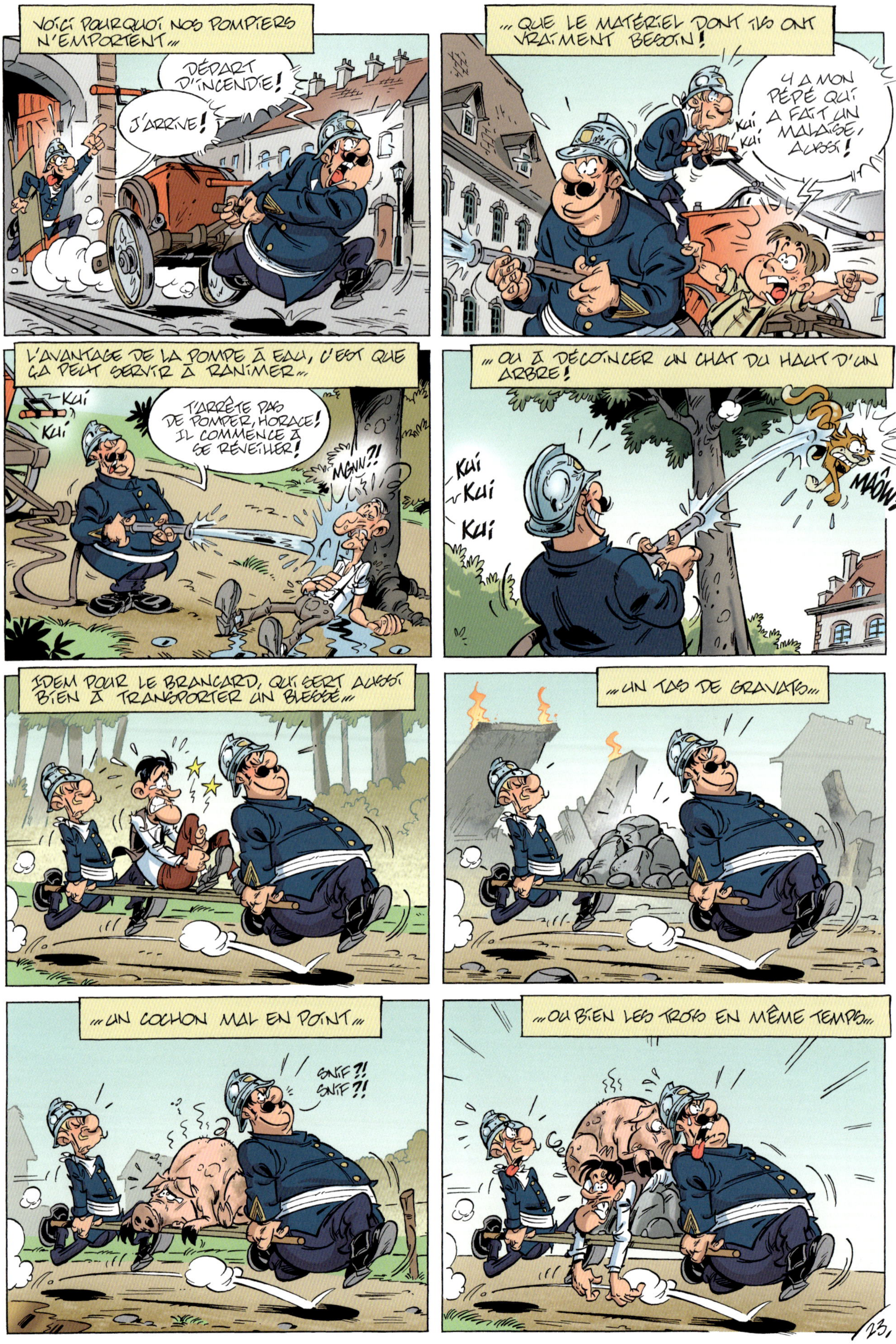
VOICI POURQUOI NOS POMPIERS N'EMPORTENT...
DÉPART D'INCENDIE!
J'ARRIVE!
...QUE LE MATÉRIEL DONT ILS ONT VRAIMENT BESOIN!
Y A MON PÉPÉ QUI A FAIT UN MALAISE, AUSSI!
KUI KUI
L'AVANTAGE DE LA POMPE À EAU, C'EST QUE ÇA PEUT SERVIR À RANIMER...
KUI
KUI
T'ARRÊTE PAS DE POMPER, HORACE! IL COMMENCE À SE RÉVEILLER!
MGNN?!
...OU À DÉCOINCER UN CHAT DU HAUT D'UN ARBRE!
KUI
KUI
KUI
MAÔW!
IDEM POUR LE BRANCARD, QUI SERT AUSSI BIEN À TRANSPORTER UN BLESSÉ...
...UN TAS DE GRAVATS...
...UN COCHON MAL EN POINT...
SNIF?!
SNIF?!
...OU BIEN LES TROIS EN MÊME TEMPS...

UNE FOIS ALERTÉS PUIS ARRIVÉS, PAS FACILE POUR NOS POMPIERS QUE PERSONNE NE CONNAÎT...
BOM BOM BOM
OUVREZ!
...D'ENTRER CHEZ LES GENS!
ON N'ACHÈTE RIEN AUX COLPORTEURS! ALLEZ-VOUS-EN!
MAIS... C'EST LES POMPIERS! Y A PAS UN FEU, CHEZ VOUS?
SI! MAIS J'AI PAS DEMANDÉ À "LÉPOMPIÉ" DE VENIR!
BON, LAISSE-MOI FAIRE!
KRAAK KRAAK KRAAK
ON EST OBSTINÉ, HEIN!...
CLIC!
ET, QUAND VOUS AUREZ RÉPARÉ MA PORTE, VOUS IREZ ME LES CHERCHER, VOS FAMEUX "LÉPOMPIÉ"!
TOC TOC TOC
TOC TOC TOC
C'EST BIEN LÀ LE SOUCI POUR LES PREMIERS CORPS DE POMPIERS...
VENEZ VITE!
J'AI BESOIN DE VOUS!
ON ARRIVE!
FAIRE COMPRENDRE AUX GENS À QUOI ILS SERVENT!
C'EST GENTIL DE VIDER MES POTS DE CHAMBRE!
ET VOUS POURREZ REVENIR QUAND POUR ME COUPER DU BOIS?
24.

DONC, SI L'ON RÉSUME, ON REPROCHE À CES TOUT NOUVEAUX POMPIERS...
POUSSEZ-VOUS!
LAISSEZ-NOUS PASSER!
...DE NE PAS ÊTRE CONNUS...
POURQUOI QU'ON DEVRAIT S'ÉCARTER?
GRMBL!
OUAIS, LA ROUTE EST À TOUT LE MONDE!
DE NE PAS ENTENDRE LES ALERTES...
MAIS, LA DERNIÈRE FOIS, C'ÉTAIT UNE SIRÈNE, PAS UNE CLOCHE!
D'ARRIVER EN RETARD...
LA VOITURE EST TOMBÉE EN PANNE!
LE CHEVAL AUSSI...
D'ENTRER CHEZ LES GENS...
ÇA VOUS AMUSE DE TOUT SALIR DANS MA MAISON?
DE NE PAS APPORTER LE MATÉRIEL ADÉQUAT...
UNE POMPE À EAU POUR SORTIR MA FEMME QUI EST TOMBÉE DANS LE FOSSÉ?!
NOTRE GRANDE ÉCHELLE EST CASSÉE!
AARGH!!
OU DE NE PAS AVOIR UNE BONNE ASSURANCE...
COMMENT ÇA, C'EST PAS VOUS QUI PAYEZ LES DÉGÂTS?!
25.

PAR BONHEUR, DE NOS JOURS, LES ALERTES SONT IMMÉDIATES...
DÉPART D'INCENDIE ?!
NE QUITTEZ PAS !
QUELLE ADRESSE ?
JE VOUS ENVOIE UNE ÉQUIPE !
OUI, J'ÉCOUTE !
JE VOUS METS EN ATTENTE !
TAP TAP TAP
LES VÉHICULES TRÈS PERFORMANTS...
PIN PON PIN PON
VROOO
LE MATÉRIEL À LA POINTE DE LA TECHNIQUE...
ON A LES A.R.I.
E.P.I.
A.G.P.
R.I.A.
DEMANDE AUSSI UNE E.P.S.A. !
BREF, TOUT A CHANGÉ !
BEN, POURQUOI TU T'ARRÊTES, ROBERT ?
ENFIN, PRESQUE TOUT !
POURQUOI QU'ON LES LAISSERAIT PASSER ?
OUAIS ! LA ROUTE EST À TOUT LE MONDE !
DÉPÊCHEZ-VOUS ! ÇA FAIT TROIS MINUTES QUE JE VOUS AI APPELÉS !
GRUMBL
ET ELLE EST OÙ, LA GRANDE ÉCHELLE, HEIN ?!
26.
FIN

Souvenirs, Souvenirs

?
VOUS SAVEZ, QUAND J'AI DÉMARRÉ DANS LE MÉTIER, LES LANCES N'ÉTAIENT PAS COMME ÇA!!
AH, BON?!!
ET LA PRESSION N'ÉTAIT PAS LA MÊME, NON PLUS! AH, ÇA! MÊME L'EAU AVAIT UN GOÛT DIFFÉRENT!
AH, BON?
MAIS, C'ÉTAIT DU TRÈS BON MATÉRIEL, VOUS SAVEZ!...
AH BON...
JE PEUX Y ALLER, SINON?!!
OUI, OUI, BIEN SÛR!
FONCEZ!
PSHiii!
ET PARFOIS, ON ARROSAIT LES FLAMMES AVEC DES SEAUX D'EAU! ET ÇA MARCHAIT BIEN, AUSSI!
35.

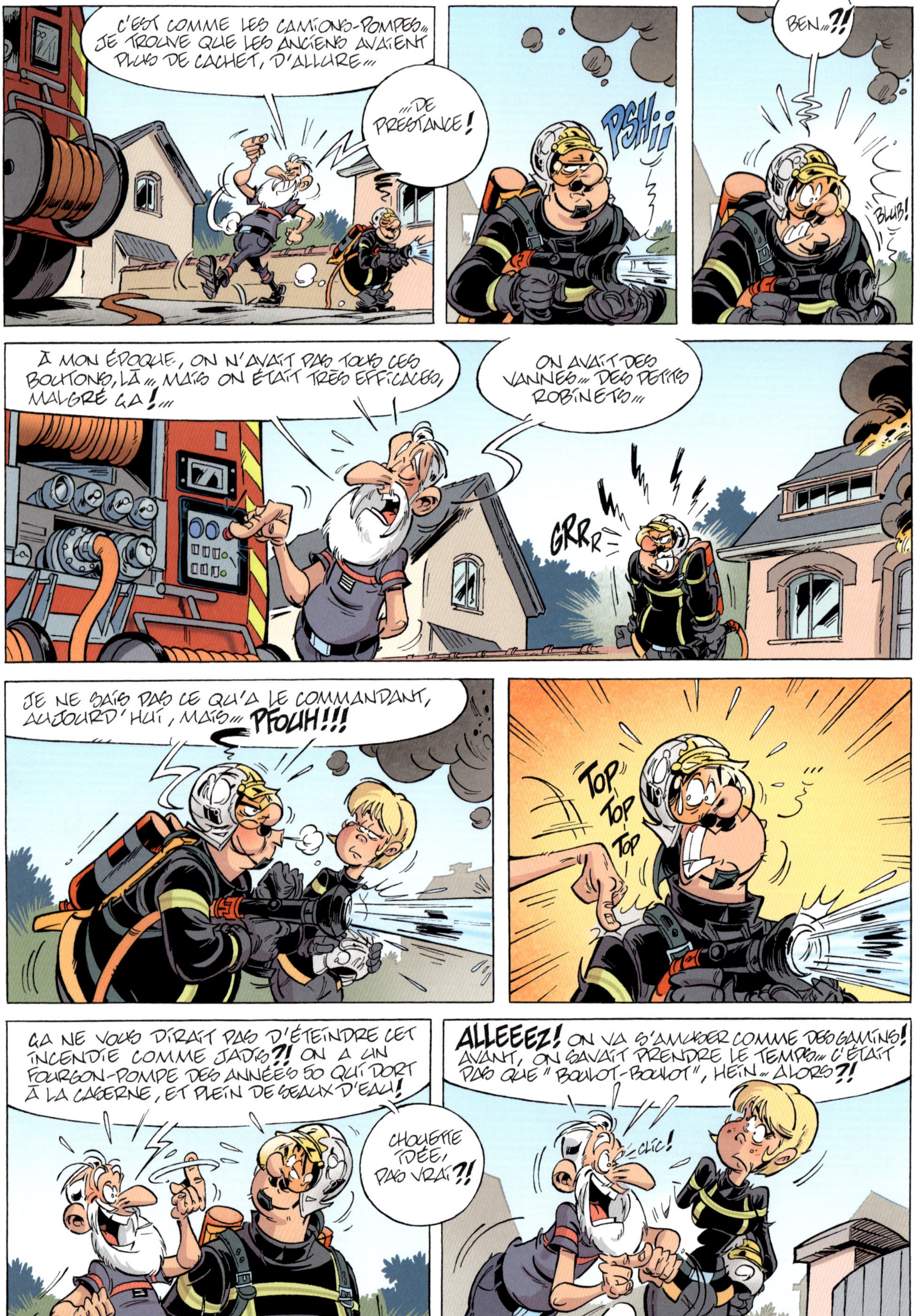
C'EST COMME LES CAMIONS-POMPES... JE TROUVE QUE LES ANCIENS AVAIENT PLUS DE CACHET, D'ALLURE...
...DE PRESTANCE !
PSHiii
BEN...?!
BLUB !
À MON ÉPOQUE, ON N'AVAIT PAS TOUS CES BOUTONS, LÀ... MAIS ON ÉTAIT TRÈS EFFICACES, MALGRÉ ÇA !...
ON AVAIT DES VANNES... DES PETITS ROBINETS...
GRRR
JE NE SAIS PAS CE QU'A LE COMMANDANT, AUJOURD'HUI, MAIS... PFOUH !!!
TOP TOP TOP
ÇA NE VOUS DIRAIT PAS D'ÉTEINDRE CET INCENDIE COMME JADIS ?! ON A UN FOURGON-POMPE DES ANNÉES 50 QUI DORT À LA CASERNE, ET PLEIN DE SEAUX D'EAU !
CHOUETTE IDÉE, PAS VRAI ?!
ALLEEEZ ! ON VA S'AMUSER COMME DES GAMINS ! AVANT, ON SAVAIT PRENDRE LE TEMPS... C'ÉTAIT PAS QUE "BOULOT-BOULOT", HEIN... ALORS ?!
CLIC !

VENEZ, ON VA ENFILER LES UNIFORMES QUE PORTAIENT NOS AÏEUX ! J'EN AI DES TAS DANS MON BUREAU... AVEC LES CASQUES, AUSSI !
ET SI, APRÈS, ON PARTAIT POUR UNE INONDATION ? MAIS JUSTE AVEC UNE POMPE À PISTONS ! WOUAH ! LE RÊVE !
TOUT À LA MAIN !
COMME AVANT !
ÇA, C'ÉTAIT DU BOULOT !
BON, QU'EST-CE QU'ON FAIT ?...
J'EN SAIS RIEN, MAIS ON LE FAIT !
ON ÉTAIT DES VRAIS POMPIERS, NOUS !
DANS LES ANNÉES 50, PARFOIS, ON PARTAIT EN INTERVENTION À PIED AVEC JUSTE DES BROUETTES REMPLIES D'EAU !!!
CONTINUEZ SANS NOUS, LES GARS !
QU'EST-CE QU'IL EST COMPLIQUÉ, VOTRE TABLEAU DE BORD !
À MON ÉPOQUE, IL Y AVAIT JUSTE UN VOLANT, ET PUIS, BASTA !
D'AILLEURS, MÊME LES FLAMMES ÉTAIENT PLUS JOLIES, À MON ÉPOQUE...
ON PEUT VOUS LE LAISSER... ?
?...
37.

ÇA FAIT UN MOMENT QU'ON AURAIT DÛ L'AMENER ICI !
AU MOINS, IL NE SERA PAS DÉPAYSÉ !
APPELEZ LE CONSERVATEUR DE LA SALLE 5... CELLE DE LA PÉRIODE MODERNE ! NOUS AVONS UNE NOUVELLE PIÈCE À EXPOSER !!
MUSÉE DES POMPIERS
ENTRÉE

FIN

L'HISTOIRE DES POMPIERS

Lithographie montrant l'ensemble des tenues de parade et de feu portées par les sapeurs-pompiers de Paris et de Province vers 1831 (collection privée)

À l'origine...

du terme « SAPEURS-POMPIERS »

À l'origine, le mot « pompier » désigne un artisan fabricant de pompe. Par extension, il finit par désigner celui qui manœuvre la pompe.

Le 1er juillet 1810, lors d'un bal donné à l'ambassade d'Autriche à Paris, un incendie provoque de nombreuses morts. La compagnie de «gardes-pompes», corps civil formé en 1716, est défaillante.

Le 10 juillet, l'empereur crée une compagnie spéciale au sein de la garde impériale, dite de « sapeurs-pompiers », destinée à la protection des palais impériaux. Les sapeurs du génie, paraît-il, n'apprécient guère cette appellation car ils estiment que les pompiers n'ont rien de commun avec leur mission première : « la sape », qui consiste à détruire les ouvrages ennemis par une attaque souterraine.

Le 18 septembre 1811, passant outre la critique des sapeurs de la garde impériale, Napoléon crée le « bataillon de sapeurs-pompiers de Paris ».

L'organisation originelle des corps de sapeurs-pompiers, calquée sur le modèle de la garde nationale, et l'exemple militaire parisien en matière d'uniforme, expliquent l'existence actuelle des tenues et des grades comparables à ceux de l'armée. Hormis la brigade des sapeurs-pompiers de Paris, rattachée au génie militaire et le bataillon de marins-pompiers de Marseille, issu de la Marine nationale, les sapeurs-pompiers français sont des personnels civils.

À l'origine...
du ROUGE

Jusqu'au Premier Empire, aucune couleur précise ne distingue les matériels d'incendie. Après la création du bataillon de sapeurs-pompiers de Paris en 1811, cette unité, issue du génie de la garde impériale, adopte la couleur verte des véhicules militaires de l'époque. Toutefois, négligeant le vert olive mat, la teinte adoptée par les pompiers est bien plus soutenue, très proche du vert empire, généralement rehaussée de filets jaunes ou rouges. Cette couleur est reprise dans toute la France.

Entre 1882 et 1885, les sapeurs-pompiers de Paris achètent des grandes échelles aériennes anglaises, peintes en rouge. Permettant de bien distinguer les voitures d'incendie au sein de la circulation, cette teinte est adoptée par les Parisiens. Les grandes villes lui emboîtent le pas, à l'instar de Lyon à partir de 1888.

Aujourd'hui, malgré quelques essais de peinture jaune fluorescent, les pompiers français restent fidèles à la couleur rouge pour leurs véhicules. À la suite d'accidents graves, une signalisation optique constituée de bandes réfléchissantes renforce la sécurité des intervenants dans de nombreux départements.

La pompe à vapeur Shand-Mason, acquise en Angleterre en 1893, arrive à Lyon revêtue de cette belle robe (musée des sapeurs-pompiers Lyon-Rhône).

Le deux-tons de l'autopompe Mieusset de 1914 (musée des sapeurs-pompiers Lyon-Rhône).

À l'origine...
du PIN-PON !!!

La mélodie diffusée par l'avertisseur à deux tons des voitures de sapeurs-pompiers français est connue dans le monde entier. De nombreux pays l'ont adoptée.

Cet appareil est élaboré à Paris en 1882. À cette époque, les omnibus et les véhicules hippomobiles des sapeurs-pompiers utilisent une corne identique à un ton. Cela provoque souvent des confusions et retarde les secours. Commandant le régiment depuis 1879, le colonel Paris a une idée de génie : il fait adopter un système spécial constitué d'un cornet avertisseur émettant deux sons alternatifs.

À partir des années 1920, un compresseur électrique produit le flux d'air nécessaire aux trompes. La puissance de l'avertisseur devient bien plus forte. Depuis une quinzaine d'années l'avertisseur à deux tons est devenu électronique et à sonorité modulable.

À l'origine...
de la SAINTE-BARBE

Sainte Barbe, patronne des sapeurs-pompiers, a toujours été fêtée avec ferveur. De son vrai prénom Barbara, elle vivait, semble-t-il, au IIIe siècle à Nicomédie, dans l'actuelle Turquie. Selon la légende, ayant refusé d'abjurer sa foi chrétienne, elle est décapitée par son père après avoir subi les pires tortures. La foudre tombée du ciel aurait immédiatement puni le meurtrier.

Depuis lors, tous les métiers en rapport avec le feu et la foudre, comme les artilleurs, les artificiers, les mineurs et bien sûr les pompiers, se tournent vers sainte Barbe et implorent sa protection. Elle est surnommée la « sainte du feu ».

Sa fête, aux alentours du 4 décembre, se généralise chez les pompiers sous la Troisième République. La cérémonie religieuse s'accompagne de festivités et de copieux banquets.

BANQUET DE Ste BARBE
16 OCTOBRE 1909
SECTION ACTIVE des Sapeurs-Pompiers DE LYON

Menu

Hors d'Œuvre
Cervelas Truffés, Sardines au Beurre
Bouchées à la Régence
Brochets du Rhône sauce Montrachet
Civet de Lièvre Chambertin

COUP DU MILIEU

Petits pois à la Française
Chapons du Mans à la Broche
Trophée de Langoustes
Dessert
Bombe Franco-Russe
Pièce Montée
Corbeille de Fruits

Offert par GOUGENHEIM FRERES IMPRIMEURS LYON

Restaurant PÉTRIER
62, Rue Molière

Menu de la Sainte-Barbe des sapeurs-pompiers de Lyon, 1909 (musée des sapeurs-pompiers Lyon-Rhône).

Statuette représentant Sainte Barbe, 1960 (musée des sapeurs-pompiers Lyon-Rhône)

Une histoire des pompiers :
L'exemple de Lyon

Sous l'Empire romain, Lugdunum (Lyon), comme les autres villes provinciales, utilise principalement les compétences des ouvriers des métiers du bâtiment, les fabri, pour lutter contre le feu. En l'absence de moyens d'extinction mécaniques puissants, seuls ces spécialistes de la construction sont capables de faire « la part du feu », c'est-à-dire isoler la partie du bâtiment qui a pris feu pour préserver le reste.

Au Moyen Âge apparaissent les « pennonages » : ce sont des troupes formées dans chaque quartier par tous les habitants capables de porter les armes pour assurer la sécurité, qui participent, entre autres missions, au service du feu. La compagnie du guet royal, la compagnie franche du régiment des Lyonnais et les arquebusiers qui ont un poste permanent à l'hôtel de ville, viennent progressivement compléter les pennonages. Quand retentit la sonnerie lugubre du tocsin, ces troupes accourent sur les feux munies de haches, de pics, d'échelles et de seaux. Ces derniers permettent de transporter l'eau depuis un point d'eau (une rivière, une fontaine…) jusqu'à la maison en flammes. Point de salut sans organisation : les préposés au feu disposent les habitants du quartier venus en renfort en longues chaînes humaines afin de se transmettre les seaux de main en main avec rapidité et efficacité.

À la fin du XVIIe siècle, les dépôts de matériels comptent désormais aussi des pompes à bras. Ces machines permettent de projeter l'eau avec plus de puissance et de précision qu'on ne le faisait avec les simples seaux, mais elles nécessitent toujours la participation soutenue de la population pour remplir d'eau la pompe pendant tout le temps de l'intervention. Des chariots sont mis en service pour améliorer le transport des matériels et les dépôts sont réorganisés par quartier à l'initiative de l'architecte Jacques-Germain Soufflot en 1746.

Pompe à bras fabriquée par le Rouennais Thillaye, en service à l'hôpital de l'Hôtel Dieu de Lyon, 1741 (musée des sapeurs-pompiers Lyon-Rhône)

Une histoire des pompiers
L'exemple de Lyon

La période révolutionnaire met un terme aux pennonages et troupes royales. C'est en 1801 qu'émerge enfin une compagnie de gardes-pompiers à Lyon. Ce corps volontaire est principalement composé d'artisans issus de différentes corporations, dont les compétences sont fort utiles pour l'entretien des pompes, des seaux ou des boyaux d'incendie. Sous l'influence parisienne, les « gardes-pompiers » prennent le nom de « sapeurs-pompiers » en 1831. Le nombre de dépôts suit l'extension territoriale de la ville et ils deviennent les centres de chaque section de la compagnie. Sous le Second Empire, est créé un « bataillon de sapeurs-pompiers volontaires » qui se compose de cinq compagnies (une par arrondissement). Durant la seconde moitié du XIXe siècle, on voit à Lyon la mise en service de quatre pompes à vapeur venues d'Angleterre ainsi que plusieurs échelles aériennes. L'installation d'un réseau de distribution d'eau et d'un réseau télégraphique puis téléphonique durant la même période représente un immense progrès.
Au début du XXe siècle, tout s'accélère ! En 1901, la première ambulance, dite aussi « Victorine » en hommage au maire Victor Augagneur qui crée ce service ambulancier, est mise en circulation.

La voiture d'ambulance hippomobile mise en place en 1901 (Arch. dép. Rhône, 3618 W 114).

Hall de départ du Quartier central, Lyon, début du XXe s. (Arch. dép. Rhône, 3618 W 180).

En 1906, la première caserne ou Quartier central remplace le dépôt général des pompes créé en 1857. Elle est bientôt investie par les véhicules motorisés qui remplacent les chevaux à partir de 1909. Sous l'effet conjugué de la motorisation et de l'augmentation du nombre d'interventions depuis la mise en place de la centralisation des appels téléphoniques (future plateforme téléphonique du 18), le corps est entièrement professionnalisé en 1913. Il comporte 107 hommes en 1914.

Depuis 1999, tous les centres de secours communaux du Rhône sont rassemblés en un service départemental, le SDIS (Service Départemental d'Incendie et de Secours) du Rhône. Il compte aujourd'hui environ 1 300 sapeurs-pompiers professionnels et 4 300 volontaires.

Fourgon-pompe Berliet CAK, 1909
(musée des sapeurs-pompiers Lyon-Rhône)

Une histoire des pompiers
L'exemple de Lyon

Les missions des pompiers s'étendent aujourd'hui à beaucoup de domaines en dehors des missions d'incendie. On compte dans le Rhône différentes spécialités répondant à l'évolution de la profession, telles que « feux de forêt », « aquatique », « milieux confinés », « milieux périlleux » et « cynotechnie ». Les menaces technologiques, de plus en plus fortes, font naître la spécialité « nucléaire, radiologique, bactériologique, chimique et explosif ».

Le musée
des sapeurs-pompiers Lyon-Rhône

Initié dans les années 1960 par le chef du corps des sapeurs-pompiers de Lyon, le musée est au départ une collection de matériels devenus vétustes qu'une équipe de pompiers passionnés contribue à préserver. La mise à disposition des salles annexes du gymnase de la Duchère par le maire Louis Pradel permet la création du musée qui ouvre ses portes en 1971.

Année après année, la collection se développe et devient plus précise. L'intérêt de ce patrimoine est reconnu au niveau national par l'appellation musée de France reçue en 2005. Depuis 2009, le Comité d'animation sociale et culturelle du SDIS du Rhône (association loi 1901) est le propriétaire des collections et représente l'entité juridique à laquelle le musée est adossé.

Restructurée en 2013, la galerie d'exposition permanente permet au visiteur de découvrir et d'approfondir l'histoire des sapeurs-pompiers de Lyon et du Rhône du XVIIIe siècle à la période contemporaine, à travers plus de 450 objets, complétés de nombreux documents iconographiques et outils pédagogiques.

D'après les textes de Jacques Périer, spécialiste de l'histoire des pompiers de Lyon pour le musée des sapeurs-pompiers Lyon-Rhône.

Bibliographie : Périer Jacques, Texier Dominique, *Pompiers Des objets qui racontent l'histoire*, 2005, Lyon, EMCC.
Périer Jacques, *Historique des sapeurs-pompiers du Rhône*, 2001, Couzon, AGB Création.

Crédits photographiques : musée des sapeurs-pompiers Lyon-Rhône. Photographies issues du fonds SDIS des Archives Départementales du Rhône.

MUSEE LYON-RHÔNE DES SAPEURS POMPIERS — casc RHÔNE SAPEURS-POMPIERS — musée de France